A JOANINHA QUE PERDEU AS PINTINHAS

Reflexões sobre a autoestima

Renata Martins

Ilustrações: Igor Dantas

Belo Horizonte · 2019

© 2019 Artesã Editora Ltda.
É proibida a reprodução total ou parcial desta publicação, para qualquer finalidade, sem autorização por escrito dos editores.

1ª Edição / 5ª Reimpressão: Dezembro de 2022
Diretor: Alcebino Santana
Coordenadora Editorial: Michelle Guimarães El Aouar
Revisão: Antonio Carlos Santini
Ilustração: Igor Dantas

M379j

Martins, Renata
    A joaninha que perdeu as pintinhas : reflexões sobre a autoestima / Renata Martins ; ilustrações Igor Dantas . – Belo Horizonte : Artesã Editora, 2013.
    28 p. il.
    ISBN: 978-85-88009-25-7

    1.Literatura infantil-Brasil. I.Título.

CDU 821.134.3(81)-053.5

Catalogação: Rinaldo de Moura Faria CRB 6 - nº 1006

Impresso no Brasil
Printed in Brazil

ARTESÃ EDITORA LTDA.
Site: www.artesaeditora.com.br
Email: contato@artesaeditora.com.br
Belo Horizonte/ MG

AGRADECIMENTOS

Ao meu sobrinho Henrique, principal fonte de inspiração na criação deste livro, nas noites em que seu interesse pelo mundo encantado das histórias se sobrepunha ao sono nas horas de dormir. Aos meus outros amores, Marina, Sofia e todas as crianças que eu tive o privilégio de conhecer um pouquinho de seu universo, na esperança de que aprendam pequenas lições através deste mundo imaginário desperto pelas histórias infantis, que só quem é capaz de ser criança pode compreender tão bem.

Aos pais e educadores que têm o hábito saudável de contar histórias para enriquecer as experiências de vida, e acima de tudo, a Deus.

APRESENTAÇÃO

É com o maior apreço que assumimos a apresentação de tão importante trabalho. Ele serve, na sociedade contemporânea, à árdua tarefa da educação, sobre a qual nos debruçamos em esforço coletivo com o intuito de transmitir valores éticos àqueles que têm sido introduzidos em um mundo novo, cujos rumos ainda não desvelamos bem.

É preciso ser muito sensível para escrever àqueles que ainda não escrevem. Essa empreitada requer a capacidade de manter viva a criança que existe dentro de nós e que sempre nos impulsiona para além da consciência do hoje e agora, dando um colorido musical à nossa trajetória pela vida.

A Renata tem isso e muito mais. Ela é dotada da empatia, que nos permite transitar nos espaços humanos com sabedoria. Ela conhece os representantes da bondade e da maldade, que assimilamos e convivemos em nosso mundo muito pessoal. Ela aponta as demandas e facilita a compreensão de nossos medos em suas manifestações essenciais, explicando os dinamismos primordiais que movem o mundo.

Na sua narração, o belo e o feio podem ser bons, como podem ser maus, mas isso não tem importância, desde que nós possamos compreender toda a esfera de determinantes que constituem a conduta humana, e, depois, continuar vivendo, sem o peso da culpa, perdoados.

É importante observar que essa história acontece em ambiente de boa convivência, diálogo e muito amor, permitindo que todos alcancem a realização de seus projetos razoáveis. Assim, Renata destaca, nesse trabalho, a sociedade do bem-viver, onde o exercício da cidadania e da justiça autorizam o direito igual para todos e o fortalecimento do autoamor e do apoio social.

Tudo isso faz o mundo bem melhor, pois a vida não se reduz a uma questão puramente estética, mas, também, se constitui da mais plena realização ética, ancorada no conhecimento da realidade humana.

Marília de Freitas Maakaroun - Médica, Doutora em Medicina da Criança e do Adolescente, Psiquiatra da Infância e Adolescência, Professora da Faculdade de Ciências Médicas de Minas Gerais.

DONA JOANINHA, TODA INQUIETA,
VIVIA SE EXIBINDO ENTRE OS INSETOS DO JARDIM.
VERMELHA, DE PINTINHAS BEM PRETINHAS,
BRILHAVA AO CALOR DO SOL E SE DESTACAVA
EM MEIO À FOLHAGEM VERDE DAS PLANTAS.

COM AS FLORES, SE MISTURAVA ENTRE SUAS CORES,
MAS NUNCA SE PERDIA DE VISTA.
ALEGRE E SATISFEITA, LÁ ESTAVA ELA QUANDO AMANHECIA.
BRINCAVA O DIA INTEIRO E, À NOITE, ADORMECIA.

EM OUTRO CANTINHO DESTE JARDIM,
VIVIA D. BARATINHA.
SEMPRE RECLAMANDO, NUNCA ESTAVA SATISFEITA:
UM DIA ERAM SUAS ANTENAS QUE ESTAVAM DESAJEITADAS,
NO OUTRO, SUAS ASINHAS QUE PARECIAM MAIS PESADAS.
ATÉ QUE UM DIA, D. BARATINHA
PERCEBEU O QUANTO ERA FELIZ D. JOANINHA!

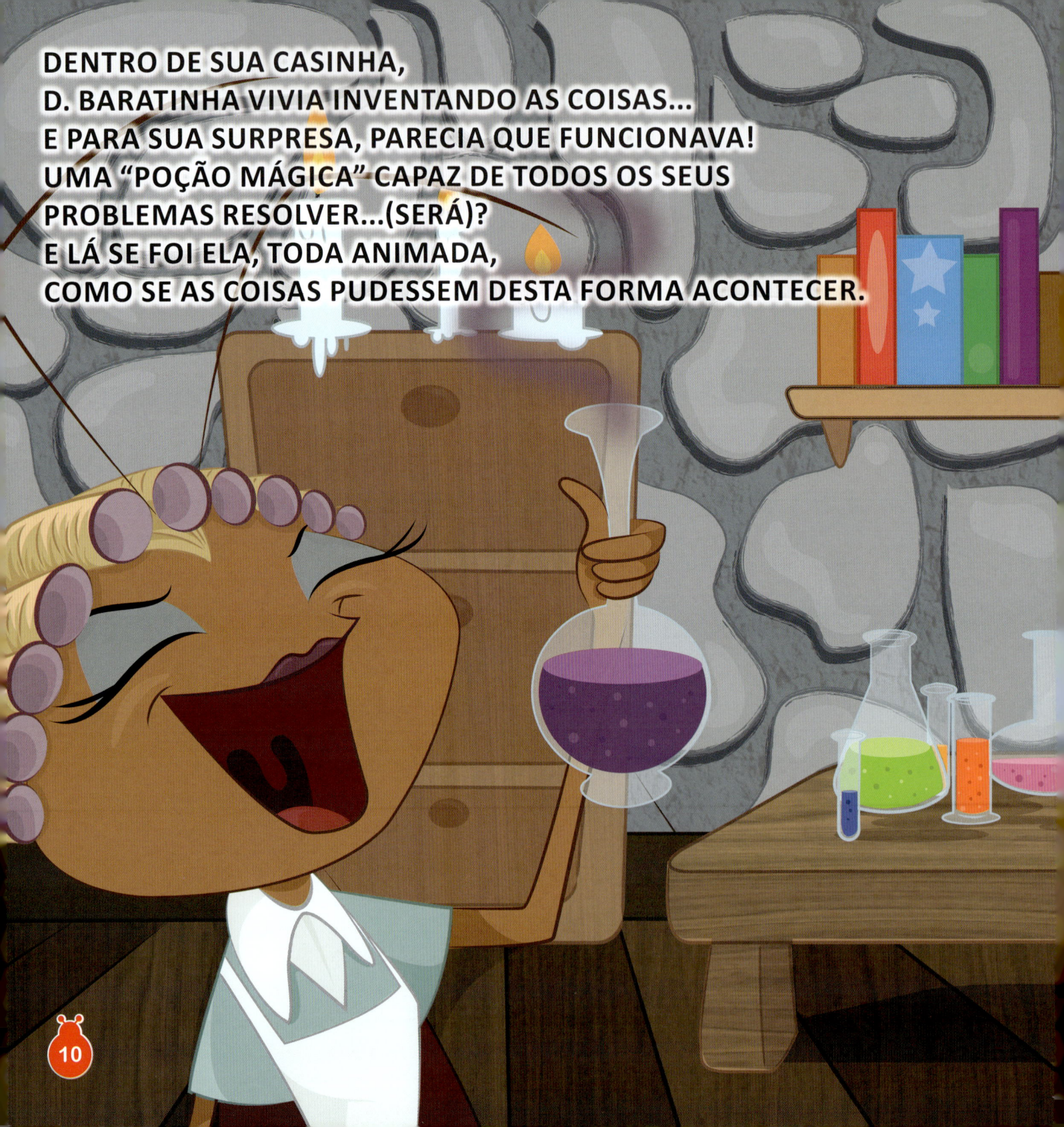

DENTRO DE SUA CASINHA,
D. BARATINHA VIVIA INVENTANDO AS COISAS...
E PARA SUA SURPRESA, PARECIA QUE FUNCIONAVA!
UMA "POÇÃO MÁGICA" CAPAZ DE TODOS OS SEUS
PROBLEMAS RESOLVER...(SERÁ)?
E LÁ SE FOI ELA, TODA ANIMADA,
COMO SE AS COISAS PUDESSEM DESTA FORMA ACONTECER.

SUBIU EM UMA ÁRVORE BEM ALTA,
PRECISAVA ESTAR MAIS ALTA
DO QUE D. JOANINHA E ENTÃO...
PLOFFTT!!!
DERRAMOU SUA POÇÃO SOBRE
A BELA VERMELHINHA!

D. JOANINHA, A PRINCÍPIO,
NÃO PERCEBEU NADA,
ATÉ QUE D. ABELHA PERGUNTOU
ENCABULADA:

- POR ACASO D. JOANINHA, ONDE ESTÃO SUAS PINTINHAS?
ESPANTADA, D. JOANINHA OLHOU PARA SUAS ASINHAS
E QUASE CHORANDO EXCLAMOU:
- O QUE PODE TER ACONTECIDO?! NÃO SOU MAIS UMA JOANINHA!

E A PROCURA COMEÇOU:
- SR. GRILO, POR ACASO O SR. VIU MINHAS PINTINHAS? PERGUNTOU PARA O BESOURO E TAMBÉM PARA A FORMIGA, DE QUASE TODOS DO JARDIM, ELA ERA MUITO AMIGA.

FOI ENTÃO QUE D. ARANHA COMENTOU:
- SUAS PINTINHAS? O QUE EU VI FOI UMA BARATINHA... ESPERE AÍ, ACHO QUE EU VI UMA BARATINHA DE PINTINHAS!
- BARATINHA?! DE PINTINHAS?! NÃO EXISTEM BARATINHAS DE PINTINHAS!!! EXCLAMOU BEM ALTO D. JOANINHA.

ENQUANTO ISSO, D. BARATINHA
CHEGA TODA FELIZ EM SUA CASINHA:
- OLHA SÓ COMO EU ESTOU DE ARRASAR!
AGORA TODOS VÃO ME OBSERVAR
JÁ NÃO SOU MAIS UMA BARATINHA TRISTE
QUE VIVE INSATISFEITA E A RECLAMAR.

SR. BARATO RIU.
NÃO PODIA SE CONTER E LOGO SE PÔS A DIZER:
- BARATINHA, JAMAIS SERÁ UMA JOANINHA!
E NÃO É DESTA FORMA, QUE SE SENTIRÁ ESPECIAL
POIS CADA UM TEM UMA FÓRMULA E SÓ SE PODERÁ SER FELIZ
DANDO SEU TOQUE PESSOAL.

CRITICAR A SI MESMO E AOS OUTROS
É COISA DE QUEM NÃO SE AMA.
O ELOGIO É UM BOM COMEÇO
E QUANTO A ISTO NINGUÉM SE ENGANA.

SE VOCÊ OLHAR NO ESPELHO, PODERÁ VER COMO É LINDA!
BASTA ACREDITAR PARA AOS OUTROS CONTAGIAR.
E ISTO NÃO É MÁGICA, É AUTOCONFIANÇA.
NÃO IMPORTA O QUE OS OUTROS FALEM,
NÃO IMPORTA A VIZINHANÇA!

SR. BARATO RETRUCOU:
- JAMAIS GOSTARIA DE VOCÊ COMO EU GOSTO, SE VOCÊ FOSSE UMA JOANINHA POR ISSO ESCOLHI VOCÊ, D. BARATINHA!

- AINDA BEM! RESPIROU ELA ALIVIADA:
- AINDA BEM QUE SOU UMA BARATINHA!
D. JOANINHA ENTÃO SOPROU BEM FORTE,
TÃO FORTE QUE DESCOLARAM AS PINTINHAS
E COLOCANDO-AS DE VOLTA, SE VIU DE NOVO UMA JOANINHA.

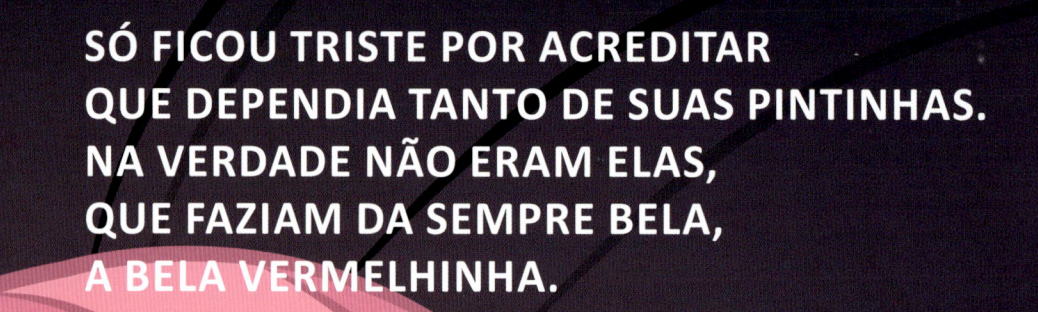

SÓ FICOU TRISTE POR ACREDITAR
QUE DEPENDIA TANTO DE SUAS PINTINHAS.
NA VERDADE NÃO ERAM ELAS,
QUE FAZIAM DA SEMPRE BELA,
A BELA VERMELHINHA.

D. BARATINHA PEDIU DESCULPAS
E SE DESPEDIU DA NOVA AMIGA;
APRENDEU QUE QUEM SE AMA TAMBÉM SE CUIDA
E PODE SER MAIS FELIZ NESTA VIDA.

E LÁ SE FORAM ELAS CANTAROLANDO:
ESTAVAM FELIZES AGORA
CADA UMA DO SEU JEITO,
COM SUAS QUALIDADES E DEFEITOS,
DO JEITO FELIZ DE SER!

Sobre a autora:

Renata Martins

Psicóloga, especialista em Terapia Cognitivo-Comportamental pelo IWP, Pós-Graduada em Saúde Mental da Infância e Adolescência pela Faculdade de Ciências Médicas de Minas Gerais e Terapeuta Certificada pela Federação Brasileira de Terapias Cognitivas. Em sua experiência profissional, conciliou psicologia e educação, despertando ainda mais seu interesse pela escrita. Trabalhar com crianças e brincar com as palavras, sempre foi uma forma de colocar em prática seu encanto por este público todo especial! Renata Martins também é autora do Livro: O segredo da Pérola Mágica - Reflexões sobre a Autoconfiança".
E-mail para contato:
renatacmartins.psicologia@gmail.com